Jens · Roccos Erzählung

Walter Jens

Roccos Erzählung

Zwischentexte zu »Fidelio«
von Ludwig van Beethoven

RadiusBibliothek

RadiusBibliothek
Herausgegeben von Wolfgang Erk

CIP-Kurztitelaufnahme der Deutschen Bibliothek

Jens, Walter:
Roccos Erzählung: Zwischentexte zu »Fidelio« von Ludwig van Beethoven / Walter Jens. – 1. Aufl. – Stuttgart: Radius-Verlag, 1985.
(Radius-Bibliothek)
ISBN 3-87173-695-3

3., 2., 1. Auflage (die letzte Ziffer gilt für diese Ausgabe)
ISBN 3-87173-695-3

Einbandgestaltung: Gabriele Burde
Gesamtherstellung: Clausen & Bosse, Leck
Printed in Germany

Für Hans Thiersch

Vorbemerkung

Die Fronten im »Fidelio«, scheint es, sind klar: Hüben die Reinen und Feinen, Eleonore und Florestan, und drüben der Schurke Pizarro. Edle Gefangene, ein hochherziger Minister: konfrontiert mit dem Gouverneur. Licht und Schatten, Dunkel und Nacht – dazu zwei kleine Leute, die am Schluß vergessen werden, so unwichtig sind sie den meisten Librettisten gewesen: Marzelline und Jaquino.
In der Tat, die Moral-Struktur des Stücks liegt offen zutage – wenn der eine nicht wäre, der, wie man's dreht und wendet, nicht ins Bild hineinpaßt: Rocco, der Kerkermeister.
Rocco: Das ist der Kleinbürger und Opportunist, der Liebhaber des Mammons und der geheime Komplize Pizarros.
Rocco, der Dummkopf, der seine Tochter mit dem schönen jungen Mann verkuppeln möchte, der ihm ins Haus geschneit ist.
Rocco, der Profit selbst aus den Ketten der Gefangenen macht – Provision will noch dem Geschäft mit dem Tod abgetrotzt sein.
Rocco, der, wo er Liebe sagt, Gold meint.
Rocco, ein KZ-Wächter, dem es nichts ausmacht, da Befehl nun einmal Befehl ist, die Portionen des inhaftierten Florestan von Tag zu Tag zu verkleinern und den Gefangenen auf diese Weise, in einer Art zynischen Menschenversuchs, dem genau berechneten Hungertod entgegenzutreiben.
Rocco, der unsensible Kleinbürger mit dem bescheidenen Verstand und der frischfröhlichen Suada (»Gut,

Söhnchen, gut, hab immer Mut, dann wird dir's auch gelingen«) – einer, der gern nimmt und weniger gern gibt: zu jedem Kompromiß bereit, solange es ihm nicht an die eigene Haut geht.
Ein bißchen Menschlichkeit (Erlaubnis für die Gefangenen, sich im Freien ergehen zu dürfen) gepaart mit Zynismus und kalter Berechnung: »Der unten stirbt – doch laß die andern jetzt fröhlich hin und wider wandern. Für jenen sei der Zorn gespart.«
Kurzum, hier präsentiert sich ein Mann, der den Herrschenden ein allezeit brauchbares Subjekt ist: Wenn Pizarro befiehlt, läßt Rocco sich auf die verwegensten Zumutungen ein, gräbt dem Delinquenten das Grab, preist als Wohltat, was in Wirklichkeit Mord ist, und erklärt sich bereit, dem Mörder, auf daß alles wohl gelänge, ein Zeichen zu geben.
Der Mann Pizarros also, dieser Rocco, so scheint es. Aber es *scheint* eben nur so: Denn der gleiche Kerkermeister, der lange Zeit bereit ist, auch die niederträchtigsten Schurkereien für Ausgeburten des Staatsinteresses zu halten, widersetzt sich, mit Courage und Humanität, dort, wo man ihn zum Mörder machen will: Je länger die Handlung dauert, desto sichtbarer erwächst in diesem getretenen Vollzugsbeamten, der gelegentlich wie eine spießbürgerliche Fußnote zu Pizarros Brutalität anmutet, die Menschlichkeit des kleinen Mannes, der am Ende erkennt, auf welche Seite er gehört. Pflichterfüllung um jeden Preis wird zur Pflichterfüllung im Dienste des Guten.
Ein Mensch in seinem Widerspruch also: als Dialekt sprechender petitbourgeois im Libretto Bouillys. Als erbarmenswürdiger Wicht in Sonnleithners Fassung – Pizarros Paladin reißt Leonore die Pistole aus der Hand –; als Mensch im Sinne der Aufklärung – eine arme Kreatur, die durch Leiden zur Einsicht kommt – in Treitschkes idealisierender Version: nie ganz böse,

nie von vornherein unter den Guten zu Hause – und eben dies macht Rocco so interessant. Rocco, der in Aristoteles' Sinn ein »grauer« Charakter ist und eben deshalb, im Gegensatz zu den Kindern des Lichts und der Nacht, faszinierend. Kein Wunder, so betrachtet, daß die Interpreten mit ihm bis heute so wenig ins reine gekommen sind wie die Librettisten. Eher gescholten als verteidigt (im besten Falle, seiner »Klassenlage« wegen, exkulpiert) bewahrt Rocco trotz allem die Züge jenes realen Gefangenenaufsehers Pujol – Bouillys Vorbild –, Pujol, der sich auf den Weg macht, um Florestans (in Wirklichkeit: des Grafen René de Semblancay) Ehefrau Blanche aufzuspüren und, nachdem das geschehen ist, die heimlich Eingelassene in der Verkleidung einer Bäuerin alles zum guten Ende bringen zu lassen.

Rocco, der Schatten Pizarros, Rocco, ein Paladin der Kinder des Lichts: Wer, wenn nicht er, könnte zwischen den beiden Sphären des Stücks, der kleinbürgerlichen Idylle und der großen Welt, wo Menschlichkeit am Ende das Böse besiegt, als hermetischer Grenzgänger vermitteln?

Grund genug, alles in allem, Rocco jene Gerechtigkeit widerfahren zu lassen, die man ihm, von Bouilly bis heute, vorenthalten hat – Grund genug aber auch, einen gewandelten, zur Einsicht, Vernunft und Reflexions-Kraft gelangten Menschen namens Roc oder Rocco als Erzähler der Moritat von Leonore und Florestan, Pizarro und Fernando fungieren zu lassen – einen Kerkermeister, der, Jahre, nachdem sich die Gefängnisse geöffnet haben, jene Geschichte noch einmal erzählt, die nun seine eigene ist: Er, Rocco, der die Historie aus dem Abstand interpretiert, spielt jetzt den Protagonisten; der Gouverneur hingegen ist, gut brechtisch, zu einer Note des meditierenden Gefängniswärters geworden – womit die Geschichte, im

Sinne des revolutionären Beethovenschen Humanitätsideals, ihr schönstes, wenngleich irreales, aber eben deshalb unaufgebbares Finale gefunden hätte: »Konkrete Utopie« im Sinne Blochs.

ROCCO *(pocht auf sein Pult)*
Tagein, tagaus! *(pocht)*
Morgens und abends
und mittags
und, wenn's Nacht war, erst recht:
Das hörte nie auf! *(pocht)*
Rocco! *(pocht)* Teufel! Wo bleibst du?
Rocco! Ein neuer Transport!
Inspektion! Begnadigung! Aufruhr!
Rocco! Der Spitzel hat sich erhängt!
Wer gab ihm den Strick?
Rocco! Man wird dir Schrauben anlegen!
Auf Rocco! Komm mit dem Messer,
der Schaufel, dem Eimer, der Peitsche!
He! *(pocht)* Willst du wohl hören?
Ein Paket für Jaime, Felipe, Tomaso,
und im Brotlaib für Juan
der Kassiber aus Barcelona:
»Stell dich krank, Juanito.
Unser Mann wartet auf dich
im Spital.«

(pocht) He! Rocco! Der Schmied mit den Ketten!
Der Bäcker! Der Zensor!
Die Schließer zum Morgenrapport.
Rocco! *(große Pause, dann leise)* Roc!
ER hat sich angesagt,
ist auf dem Weg,
schon beinahe hier:
Der Herr Gouverneur!

Roc! Roc! Roc! *(pocht, hält sich die Ohren zu)*
Ich konnt's nicht mehr hören:
Zehn Jahre lang. *(pocht dreimal)*
Dreitausend Tage!
Weg, nur weg! Ich mußte raus!
Raus! Untertauchen, irgendwo,
unter anderem Namen
ein neues Leben beginnen.

(anderer Tonfall) Ich war schließlich geschickt,
man lernt viel im Gefängnis,
ist Verwalter und Hausbursch,
Beichtkind und Pfarrer,
Polizist und Vertrauter zugleich –
und reich obendrein.
Da ein Pfennig fürs Wegsehn,
dort ein Groschen fürs Zuhörn,
für die Bestellung des Päckchens ein Taler
und für die Konfiszierung hernach – deren zwei:
Das kommt rasch zusammen:
genug, um einen wie mich – einen Dummkopf! –
träumen zu machen,
eines Tages,
in Cordoba, Salamanca, Madrid,
ein Geschäft zu eröffnen:
Rocco Castillo,
Handelsmann mit guter Adresse
und erfahren in vielerlei Künsten.

Nur einen Partner brauchte ich noch,
einen Schwiegersohn am besten,
einen, der auftreten konnte
und den Leuten mit flinkem Wort
und behender Feder zu Dienst war.

(Pause) Ja, und dann kam er wirklich,
eines Abends, mein Mann – Mann! –
dieser Fidelio, den ich,
blind wie ich war,
von meinem Traum genarrt,
dem Wahnsinn nah durch dieses Poch und Poch und Poch,
für einen jungen Herrn aus gutem Hause hielt,
von Adel am Ende,
nicht so einen Hungerleider
wie diesen Jaquino,
meinen Gehilfen,
der zu stottern anfing,
sobald ich ihn ansprach:
Aber Fidelio! Der! Die!
Dieses ... Menschenkind konnte sprechen,
rasch und wortgewandt,
wie unsereins nie reden kann.

DAS war mein Mann!
Mein MANN: Ich Narr!
Ich Dummkopf, der sein Kind – sein einziges!
(pocht verzweifelt) für einen wirren Wunschtraum opferte
und sich in seinen selbstgeknüpften Stricken fing.

Denn sie, mein Kind,
sie liebte diesen ... Mann,
den ich, Rocco Castillo,
Kaufherr im Traum
und Schurke obendrein,
mit ihr verkuppeln wollte.
(leise) Gott sei mir gnädig.
Und dir auch, mein armes Kind.

ROCCO Armes Kind. Und alles meine Schuld.
(schlägt sich gegen die Stirn) Du alter Esel du!
Hieltst eine, die mit hoher Knabenstimme sprach,
sich vor dem Spiegel wiegte,
so und so und so,
und wie ein Rehkitz huschte,
wo die Burschen stampfen:
die hieltest du für einen – Mann!
Blind!
(anderer Tonfall) Ja, wir sind blind gewesen, alle drei,
Jaquino, Marzelline, ich.
Blind. Traumgefangen. Nirgendwo zu Haus.
(schüttelt den Kopf) Seltsam. Wir waren frei, damals,
und lebten doch im Gefängnis,
standen auf seiten der Herren
und trugen doch Ketten.
Auf meinen Garten fiel der Schatten
der riesigen Mauer,
und die Zweige der Kirschbäume
ragten zu vergitterten Luken empor.
Was uns gehörte,
gehörte auch unseren Knechten:
Und wenn wir sangen,
waren ihre Schreie
Refrains der Choräle.

Was wir auch taten:
singen und plaudern
und pflanzen und harken
und säen und ernten:
Die da, hinter ihren Gittern, schauten zu!

Sie immer dabei!
Das war die Wahrheit.
(ausbrechend) Aber ich wollte sie nicht!
Denn ich wollte ja leben! Vergessen!
Darum – *(zu den Zuschauern)* versteht ihr jetzt? – der
Traum vom kleinen Glück
unter den Schatten:

Werbung, Sich-Sträuben, Verzicht,
der Segen des Vaters.
Wir spielten Blindekuh
am Rande der Hölle.
Der Hölle, jawohl!
Und dahin sollte ich ihn führen,
diesen Fidelio,
in die unterste Hölle.
»Bring mich hinunter.«
Es war ein Befehl:
»Geh nicht allein, Rocco,
ich komme mit.
Du wirst mich brauchen.«
Da redete ein großer Herr
mit einem Wicht von Mann,
und ich gehorchte: Was denn sonst?
»Bevor es Morgen wird«,
hab ich gesagt,
»bist du bei ihm.
Doch wenn du dich fürchten wirst, denk:
Ich hatte auch Angst,
das erste Mal,
vor vielen Jahren.«

ROCCO Es war ein Abend im April,
sehr warm schon,
die Gefangenen saßen an ihren Fenstern,
einige sangen,
fromme Lieder,
in die andere einfielen:
Wechselgesänge,
ehe es Nacht wurde
und der Sergeant auf dem Wachturm
Ruhe gebot.
Vier Jahre her ist das jetzt,
auf den Tag,
und doch erst gestern!
Ich höre wieder den Choral:
Erbarme dich unser,
Lamm Gottes,
verlasse uns nicht
in der Stunde des Todes.
Und während sie sangen,
gab ich dem Kind und dem fremden Mann
meinen Segen, und er wehrte sich nicht,
als ich ihre Hände vereinte.
LAMM GOTTES sangen sie drüben,
und wir sangen mit,
Marzelline und ich.
Lamm! Sei uns gnädig
jetzt und alle Zeit
und befreie uns von unseren Sünden.
Er aber, Fidelio, –
Fidelio, der Getreue! –

er schaute zu
und sagte kein Wort.
Denn er mißtraute uns. *(leise)*
Und er tat gut daran.

Nein, verraten hätte ich ihn nicht, auf meine Ehre,
das kann ich beschwören.
Aber ihn ins Gefängnis gelassen,
in die Gewölbe womöglich,
wo die Staatsgefangenen waren:
auf keinen Fall.
Und darum, Fidelio,
um meiner Schwäche willen,
verzeihe ich dir.
Hättest du mich ins Vertrauen gezogen –
ich weiß, du hast es ein paar Mal versucht –,
ich hätte dich nie zu jenem Häftling geführt:
deinem Mann, der auf Befehl des Gouverneurs
in dem Gewölbe angekettet war,
das niemand außer mir betreten konnte:
mir und den Ratten, die den armen Mann
von Tag zu Tag näher umkreisten.

Es war ein Abend im April.

ROCCO Sehr still, alles,
ringsum.
Kein Gesang mehr,
nur, von Glockenschlag zu Glockenschlag,
die Rufe der Posten
und
der Widerhall ihrer Schritte:
das Uhrwerk der Zwingburg –
und niemals,
nicht am Geburtstag des Herrn
oder am Freitag,
da man ihn ermordet hat –
nie eine Pause.
Zehn Schritte vor,
zehn Schritte zurück
und jede Viertelstunde ein Ruf:
so haben wir die Zeit gemessen,
bei uns.

(Markiert die Lokalität mit den Händen)
Da! Die Gefangenen hinter den Luken;
an jeder Tür,
statt des Namens,
die Nummer, mit Kreide geschrieben:
311, 14. März 1793,
109, 20. November 1789.

(Geste, zur anderen Seite hin) Und da,
auf den Mauern,
die Posten.

Und wir: hier in der Mitte!
Hier! Im Niemandsland,
wo Traum in Tag
und Tag in Traum überging.
Da fiel Verlobungstag und Karneval auf einen Tag,
da war der Bräutigam ein Weib,
Brautvater hatte einen Eselskopf,
und Braut und Nebenbuhler spielten Harlekin,
mit langen Nasen und verwirrtem Sinn,
in einem Stück, das sie nicht kannten.

(anderer Tonfall) Fidelio, ich verstehe dich ja:
jetzt, nach so vielen Jahren.
MIR konntest du dich nicht anvertraun, damals,
wenn du deinen Plan durchführen wolltest.
Mir ganz gewiß nicht.
Aber das Kind! Marzelline! Die hätte geschwiegen,
wäre zurückgekehrt zu Jaquino
und keine alte Jungfer geworden,
die ihren Vater versorgt.
Marzelline! Jaquino! *(schnippt mit den Fingern):*
Die zählten nichts – arme Teufel,
die niemand mehr kennt,
ein altes Fräulein und ein Knecht,
der als verschollen gilt,
während Eleonores Name in jedem Lesebuch steht.

HELDENMUT EINES WEIBS: Ich kenne die Litanei gut.
Nein, ich beschuldige sie nicht.
Wie könnte ich auch?
Sie hat ja gesiegt:
Der Mann ist frei,
die Häftlinge erlöst,
die Zwingburg: ein Museum,
das an eine ferne Zeit erinnern soll,
die gottlob überwunden ist.

Aber mein Kind! Mein Kind!
(abbrechend) Nichts mehr davon.
Du bist ungerecht, alter Mann.
(ballt die Fäuste) Jawohl, du!
Mit deinem ewigen »Befehl ist Befehl«
und »Alles muß seine Ordnung haben«
und »Ich tue ja nur meine Pflicht«.
War es meine Pflicht,
den Gefangenen da unten verhungern zu lassen?
Meine Pflicht, ihn, wenn er um Brot bettelte,
barsch anzufahren:
»Tut mir leid. Der Herr Gouverneur hat es verboten«?
(hält plötzlich inne, anderer Tonfall) Der Gouverneur!
(beinahe flüsternd, mit der Andeutung einer Verneigung)
Pizarro!
Wir glaubten schon, er käme nicht mehr, damals
an diesem Abend.
Das machte er oft so, um uns zu erschrecken:
sich anzusagen und dann nicht zu kommen
und, andererseits, plötzlich in meiner Stube zu stehen:
»Laß sie antreten, Rocco.
Ich schau auf die Uhr.
Wer sich verspätet,
wird auf den Richtplatz geführt.
Die lasse ich peitschen, die Kerle.«
(ganz leise) Es ging schon auf Mitternacht zu –
und da, auf einmal, kam von fernher Musik:
»Ein Fest«, hat der Gouverneur immer gesagt,
»wenn ich komme, dann wird es ein Fest sein.«
Fackeln und Tafelmusik: »Sie müssen tanzen,
meine Herren Officiers,
wenn Sie marschieren!«

ROCCO »Schildwachen auf den Wall!
Sechs Mann an die Brücke!«
Ja, das liebte er,
der Herr Gouverneur,
die Musik mitten im Takt zu beenden.
(summt das Thema, dann schreiend: Marsch!
Marsch! An die Gewehre!)
Während die Offiziere noch darauf warteten,
daß die Spielleute das Thema
ein letztes Mal wiederholten,
winkte er plötzlich ab
und begann,
die Musikanten spielten noch ein paar Takte weiter,
seine Kommandos zu brüllen:
»Wachmannschaften auf ihre Posten!
Rocco zum Rapport! Die Depeschen!« *(Pause)*
Ich gab ihm die Briefe,
ein Dutzend vielleicht,
er überflog sie,
Empfehlungen, Beschwerden, Bettelschreiben,
Gesuche:
»Endet das nie?«
*(macht Pizarro nach: wie der mit den Fingerspitzen
die Briefe zerreißt)*

Doch dann auf einmal stockte er, gebot den Wachen,
sich zu entfernen
und winkte mich –
das hatte er noch nie getan –
zu sich heran.
»Ich habe Nachricht erhalten«,

sagte er leise,
»daß der Herr Minister uns besuchen wird:
Don Fernando, du weißt.
Er könnte dich zur Verantwortung ziehen,
weil du diesen Florestan,
meinen Gefangenen,
in einer Todeszelle versteckt hältst.
Gewiß: Auf meinen Befehl,
das ist richtig – nur:
der Herr Minister glaubt,
daß Florestan nicht mehr am Leben sei –
und da – denke ich – sollten wir das Unsere tun,
um Don Fernandos Ansicht zu bestätigen.
Du verstehst doch, nicht wahr?«
Und dann, plötzlich, packte er mich bei den Schultern
und schrie: »Der Mann weiß zu viel. Du mußt mir helfen: Du!
Er oder wir – nur darum geht es jetzt.«
Und dabei nahm er meine Hand
und legte ein Goldstück hinein
und noch eins
und noch eins
und sah mich an:
mit einem Ausdruck,
als sei er von Sinnen.
Wie ein Rasender war er,
ein Betrunkener,
er schwenkte die Arme,
zog seinen Degen heraus,
steckte ihn in die Scheide zurück,
schüttelte mich,
lachte,
begann zu tanzen.
Und ich? *(zuckt die Achseln)*
Ach, ich: Was sollte ich denn tun?

ROCCO Mut – das ist etwas für große Leute
und nicht für kleine wie uns.
WIR müssen uns ducken
und uns auf die Erde kauern,
bis der Sturm vorbeigezogen ist.
Wir haben die Segel zu reffen,
wenn der Orkan kommt:
Ja, Herr. Wie Ihr befehlt. Euer Diener.
(anderer Tonfall) Trotzdem, GETÖTET hätte ich Florestan nicht:
bei meiner Seligkeit!
Das kann ich beschwören.
Aber zuzuschaun,
dem Gouverneur ein Zeichen zu geben:
Komm jetzt,
das Opfertier liegt auf dem Herd –
ja, dazu war ich bereit.
(zu den Zuschauern) Sagt, war das nicht ein frommer Mann,
der zusah und dabei das Kreuzeszeichen schlug,
als ein Soldat,
der unserm Herrn die Leiden kürzen wollte,
dem Angeschmiedeten den Speer
zwischen die Rippen trieb?
Wo Not nicht enden mag,
kann manchmal selbst ein Mord
der armen Seele Rettung bringen.

Ja, so dachte ich:
ein Kerkermeister,

der, in langem Frondienst abgestumpft,
den Wunsch des Gouverneurs
und den Befehl des Staats
für die zwei Seiten EINER Münze hielt.
(hält inne) Ach was, zwei Seiten!
Gewäsch!
ANGST hatte ich,
schlotternde Angst, weiter nichts.
Ein Wink von ihm,
ein Nicken,
die Bewegung seiner Hand,
ein Scharren mit dem Fuß:
und die Soldaten hätten die Peitschen gezückt.
Vierzig Hiebe:
Darunter tat er es nicht.
Und trotzdem: Die Furcht, daß sie zuschlagen würden,
war nicht das Schlimmste.
Denn es gab etwas, das entsetzlicher war
als die Furcht:
Wenn er mir Geld gab,
freundlich war,
meinen Heiratsplänen zustimmte
und mir erlaubte,
Fidelio mit in den Kerker zu nehmen –
wenn er mich durch Freundlichkeit bestach,
dann hab' ich ihn gehaßt,
Don Pizarro,
wie keinen zuvor:
ihn, diese Ausgeburt der Finsternis.
Dann schlug ich zurück,
wurde ein Mensch:
Ein Mensch! Ein Ich! Ein Rocco,
der Rocco war und kein kleiner Pizarro!
Einer, der frei war wie an jenem Abend,
als Fidelio mich bat,

die Zellen zu öffnen.
Pizarro, hieß es,
sei zurückgekehrt in seine Residenz:
Die Riegel auf!
Jetzt kommandiere ich!
Das Wachtor geöffnet!
(anderer Tonfall) Und siehe, sie kamen,
einer hinter dem andern,
Alte und Junge,
viele an Krücken,
in kleinen Wagen,
Blinde dazwischen,
Verstümmelte,
Armlose, Beinlose,
manche mit Foltermalen
an ihren Leibern:
Vierhundert Männer!
Was für ein Bild:
Der Mond hoch am Himmel,
duftende Sträucher,
von den Bergen ein Wind,
der sanft war und freundlich.
Und hier im Hof:
Die Prozession der Todgeweihten.
Ihr Gesang:
Wie eine Litanei von einem fremden Stern.

ROCCO Die Nacht verging,
es wurde Tag,
die Luft war kühl,
ein wenig Tanggeruch
vom fernen Meer;
die kleine Wiese
zwischen Wohnung und Zwingburg:
wie ein Beet aus Tau.
»Es wird ein heller Tag«,
hatte Marzelline gesagt,
»wir sollten pflanzen.«
(besinnt sich: sehr leise) Ein heller Tag!

Da oben vielleicht,
wo's Sterne gab,
den Mond
und die Wolken –
aber nicht hier.
Nicht in den Staatsgefängnissen
tief in der Erde,
wo die Rebellen eingepfercht waren,
die Partisanen, Freiheitskämpfer,
Männer aus dem Untergrund,
Freunde des »Bunds der Gerechten«,
vom Geheimdienst verfolgt,
durch bestochene Richter verurteilt
und des schlimmsten Verbrechens beschuldigt,
das es für Pizarro gab
(und es waren viele Pizarros in unserem Land):
Sie hatten die Wahrheit gesagt.

(Pause) Und dafür mußten sie sterben:
krepiert wie ein Stück Vieh
in dieser dunklen Metzge,
diesem Beinhaus,
wo nur Nacht und Dunkelheit und Kälte war.
Da gab es keine Jahreszeiten,
keinen Wechsel zwischen Tag und Nacht –
nur eine *(macht mit den Fingern ein Zeichen)* winzig-
kleine Ahnung,
daß auf weit entfernten Sternen
immer noch die Sonne schien
und Schnee und Regen fiel.
Wenn wir in Mänteln kamen,
wußten die Gefangenen:
Draußen muß Winter sein,
und wenn wir Blusen unterm Umhang trugen,
ahnten sie:
Die bringen Ernte ein, da oben,
und daheim reift jetzt das Korn.

(Pause, dann in Gedanken) Und doch,
die konnten immerhin reden,
die Männer,
Nachrichten tauschen zwischen Zelle und Zelle,
gegen die Mauern trommeln,
Klopfzeichen geben:
Irgendeiner hörte sie schon
und klopfte zurück.
(voll Entsetzen) Aber den hier, den ich tief unten
auf der letzten Bastion,
wo nur Schlamm war, Kot und Geröll,
mit einer Eisenkette an den Brunnenrand geschmie-
det hatte –
(schreiend) Ja! Ja! Ja! Ich hab's getan! –,
den Einen, sag ich,
den Elendsten unter allen:

DEN hat niemand gehört.
(hält inne) Doch. Einer schon.
(deutet auf sich) Sein Kerkermeister,
der ihm morgens ein Stück Brot
und einen halben Becher Wasser gab
und abends noch einmal.
(in Erinnerungen versunken) Er schien zu schlafen,
als die Frau und ich
– Fidelio, mein ich, ich sag jetzt: Frau –,
die steile Treppe
– ach was Treppe! Stufen, eingehauen in den Fels –
(faßt sich an den Kopf) ... ich wollte sagen,
daß er schlief
und nicht erwachte,
sondern unbeweglich blieb,
wie tot,
als wir die Hacke nahmen,
Schaufeln und Beile,
um das Geröll aus dem Brunnen zu räumen,
den Schutt und die Steine.
Sie hielt das Licht,
ich tat, was Männersache war,
trug Lehm ab,
schleppte Steine,
kroch in den Brunnenschacht,
stampfte den Boden fest:
Ein Totengräber,
der, statt stumm zu schaufeln,
hätte schreien sollen. Schreien!
»Mann! Wach auf! Das ist für dich,
das Grab!«
Doch dann, auf einmal, hielt ich es nicht länger aus:
Sie mußte helfen – die da!
Nicht immer nur das Lämpchen halten
und den Schläfer anschaun:
ob er sich bewegte,

während ich,
im Dunkeln,
meine Arbeit tat – dies dreckige Geschäft,
das Pizarro sich ausgedacht hatte,
um einen Mann zu verscharren,
der zu viel wußte.
(sehr leise, das Heute wird wieder zum Gestern) Du
mußt mir helfen, Fidelio,
ich bring's nicht zu Ende, allein.

ROCCO *(hat sich wieder gefangen, redet, als ob Fidelio ihm vorsagte)*
Ein Totengräber,
eine junge Frau,
die, eh der Tag sich neigte,
Witwenkleider tragen sollte.
Ein Häftling,
dessen Urteil unterschrieben war:
Tod durch den Dolch.
Nur einer fehlte noch:
sein Mörder,
aber der stand längst bereit:
uns zugesellt in einem Schauspiel
mit Musik und Pistolen,
mit Liebe und Modergeruch,
mit Schurkenstreichen
und den Trompeten des jüngsten Gerichts.

(anderer Tonfall) Ich weiß,
so wird die Geschichte heute erzählt,
so oder so ähnlich.
Ich hab's aus den Büchern:
Unsereins liest schließlich auch
und macht sich seine Gedanken.
In Wirklichkeit freilich war alles ganz anders:
Trug und Maskenspiel
und keine simple Moritat,
Wo A ein A ist und kein B.
(zählt auf) Ein Pförtnerstübchen als Kerker,
ein Brunnen als Grab,

ein kleiner Pizarro als hilfreicher Bruder
– er wollte Wasser, der Gefangene: ich gab ihm Wein –,
ein Sterbender, der, als er den Namen des Henkers
erfuhr,
mit der Vernunft eines jungen Kaufherrn zu reden
begann,
dem's um Geschäfte zu tun ist:
SCHICKT NACH SEVILLA.
FRAGT NACH LEONORE FLORESTAN.

Und dann erst die Frau: Neben ihm,
an seinem Grab,
während er nach ihr schickte.
(nickt) Sie hatte ihn erkannt,
sein Gesicht, seine Stimme,
sie war ja bei ihm,
als er erwachte:
MEIN LIEBSTES HERZ. MEIN FLORESTAN.
Aber gesagt hat sie nichts.
Nichts, nichts, nichts!
(beinahe flüsternd) Denn sie war nicht allein mit
ihm:
Es gab da einen Dritten,
einen gewissen Rocco,
der auf die andere Seite gehörte.
Natürlich, ein Herz hatte er schon,
konnte, sofern es nichts kostete,
sogar mildtätig sein.
Aber im Grunde durfte sich Pizarro
auf ihn verlassen.
Sie taten also gut daran,
Madame Fidelio,
sich zu verstellen:
und zwar bis zuletzt!
Auf Männer vom Schlag dieses Rocco
– wie er früher einmal war! –

ist nicht zu zählen.
(leise nach einer Pause) Und dabei gab ich ihm doch Wein
und speiste ihn,
und er hat mir dafür gedankt.

ROCCO *(geht, nachdem er bisher ruhig, in der Haltung des Chronisten, auf seinem Platz geblieben war, langsam, beinahe schleppend, ein paar Schritte auf und ab)*
Ja, und dann hab ich es getan.
Hab – meinen – Dienst – getan.
Hab *(hebt einen Finger hoch)* dem Gouverneur das Zeichen gegeben.
Hab *(hebt zwei Finger hoch)* die Frau fortgeschickt;
denn sie durfte nicht hören, was wir besprachen.
Hab *(hebt drei Finger hoch)* den Gefangenen vom Stein losgeschlossen.
Hab *(hebt vier Finger hoch)* ihm die Ketten über die Schulter gelegt.
Hab *(hebt fünf Finger hoch, fällt dann in die Knie)* ... gebetet hab ich!
Gebetet zur Jungfrau Maria,
allen Heiligen in den Himmeln,
zu meinem Namenspatron
und den seligen Eltern,
gebetet auch für die beiden,
die bei mir waren
in der Stunde des Todes,
gebetet für die Gefangenen in unserem Land,
gebetet zu meinem Herrn Jesus.
Hundert Gebete – und doch nur eines:
Für mich! Für mein Leben. *(erhebt sich wieder)*
Ich wußte, der Gouverneur würde mich töten,
und die Frau dazu,
sobald sein Opfer verscharrt war.

»Der weiß zu viel« – das hieß für Pizarro:
»Der hat gelebt.«
(ausbrechend) Du Satan!
habe ich geschrien,
Versucher wie nie einer war!
Seelenräuber!
Pizarro! Mörder schon jetzt
und Mörder erst recht
am Tage meines Gerichts:
In die Hölle mit dir!

(bekreuzigt sich nach langer Pause) Ich danke Dir,
Herr.
Du hast mich erhört:
Gott, unser Retter. *(verharrt lauschend)*

ROCCO Die Trompete! Oben vom Turm! Immer lauter!
Vom Himmel herab,
die Trompete,
bis in die Hölle
drang sie,
zersprengte die Türen,
ließ Mauern fallen,
öffnete Kerker:
die Posaune des Jüngsten Gerichts!
Die Stimme des Herrn,
die Jericho erzittern ließ:
»Und er wird senden die Engel mit hellen Posaunen.«
(blickt empor, faltet die Hände) Wir waren gerettet, meine Gebete erhört.
(mit Staunen und Ergriffenheit) Die Trompete!
Botin des Himmels!
»Und siehe, der Herr fuhr auf mit heller Posaune!«
Zeichen der Gnade und des Gerichts!
Morgenröte,
die bezeugte,
daß die Welt,
in dieser Stunde,
hier,
erneuert war:
Einmal
und, mag geschehen, was will,
unwiderrufbar.

Für einen winzigen Augenblick,
die Morgenstunde irgendeines Tags
in irgendeinem Land,
waren Licht und Finsternis
wie am Tag des Gerichtes
geschieden:
Pizarro,
vor Wut, Rachsucht, Verzweiflung,
ins Dunkel gekauert,
den Schatten des Brunnens,
sie aber, Florestan und Leonore,
im Glanz der Laterne,
dieses jämmerlich blakenden Lämpchens,
das, auf einmal, strahlte wie die sieben Leuchter der Engel.
(anderer Tonfall) Seit dieser Stunde kehre ich,
ein kleiner Dienstmann jetzt, in Cordoba,
in jedem Jahre am Befreiungstag hierher zurück,
hierher, in die Kapelle, wo ich eine Kerze opfere,
und in die Zellen,
die an eine ferne, nahe, schreckensvolle Zeit erinnern,
die auch meine war.

ROCCO Und dann kamen sie noch einmal,
wie in der Nacht zuvor,
– zum letzten Mal nun! –,
von überall her,
die Gefangenen in ihren Sträflingskitteln.
Aber nun nicht mehr langsam und scheu,
jeder für sich,
die Augen gesenkt
und von den Wachen verhöhnt.
Nein! Jetzt winkten sie, lachten,
hatten sich untergehakt,
schwenkten die Mützen.
Sie waren frei!
Und knieten nieder, die Gefangenen,
mit ihren Krücken und Ketten
und den schwarzen Binden vor dem Gesicht,
knieten nieder,
sie alle,
vor dem Gesandten des himmlischen Königs,
Don Fernando,
der sie,
als Bruder unter den Brüdern,
aufstehen ließ
und auch mich zu sich winkte:
»Stell dich zu den Gefangenen, Rocco,
auch du bist jetzt frei.«
(Die Häftlinge traten zu Seite:
nicht eilig zwar, doch ohne Murren,
und nahmen uns auf, Jaquino, Marzelline und mich.)

(macht einen Schritt nach vorn, sieht empor) O Tag der Freiheit!
Zukunfts und Versprechens Tag!
Die Totgesagten kehrten zurück,
die Gefangenen wurden von ihren Fesseln befreit
und die Rebellen,
die Hüter des Rechts,
die Partisanen traten auf
und gaben Zeugnis
und begnadigten,
statt Rache zu üben,
jedermann,
an dessen Händen kein Blut war.
Der Tyrann aber, seine Henker und Spitzel:
… nein, nichts mehr von ihnen.
Wir hatten gesiegt.
Die armen Leute – die Sklaven! die Geknechteten! –
hatten gesiegt,
weil eine Frau,
die treu war und geduldig,
klug und ohne Falsch,
jedoch nicht ohne Schuld
(Marzelline, mein Kind) …
weil eine Frau, sag ich:
nein mehr, ein Mensch,
(sie war ja Mann und Frau zugleich)
… ich fang noch einmal an:
Weil eine Frau …
verflucht! Ich pack es einfach nicht:
Weil eine FRAU, nein, weil *(erleichtert: jetzt ist endlich der richtige Gedanke gefunden)*
die LIEBE einer Frau
zu einem Einzigen
so mächtig war:
so übergroß,
daß sie in diesem Einen alle

und in allen Menschen nur den Einen sah:
ihren geliebten Mann.

WER DU AUCH SEIST, ICH WILL DICH RETTEN:
Das, sag ich, ist für mich, so schlicht ich bin,
(doch der Herr Pfarrer sagt es auch)
das Testament des Neuen Bunds
und die Verheißung der Vernunft
und das Versprechen einer Zeit,
in der es nicht mehr Herrn
und nicht mehr Knechte gibt,
nur Menschen, frei und gleich.

(Pause, dann sehr leise) Ein Mittag im April,
vier Jahre her,
jetzt ist die Stunde da,
als die Gefangenen,
in einem Dankgebet,
das Requiem und Jubellied in einem war,
den Tag begrüßten –
ihren zweiten Schöpfungstag.
Ja, meiner war es auch:
Ich habe nachgedacht:
Ich, Rocco, Roc,
der Kerkermeister, Häftling,
Helfer, Spießgesell,
der Totengräber,
der die Fackeln trug:
Ein kleiner Mann
in einer bösen Zeit,
die nun zu Ende ist.

Reihe RadiusBibliothek
Herausgegeben von Wolfgang Erk

Peter Härtling
Für Ottla
40 Seiten

⋆

Albrecht Goes
Christtagswege
80 Seiten

⋆

Johann Christoph Hampe
Fundamente und Grenzen
144 Seiten

⋆

Walter Jens
Roccos Erzählung
40 Seiten

⋆

Heinrich Albertz
Das grüne Gitter
60 Seiten

Die besondere Reihe: gutes Papier – echtes Leinen – Fadenheftung